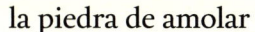

la piedra de amolar

ÆREA | *carménère*

Víctor Rodríguez Núñez

la piedra de amolar

ÆREA | *carménère*

Serie fundada por Eleonora Finkelstein y Daniel Calabrese
Edición al cuidado de Paco Najarro

LA PIEDRA DE AMOLAR
Primera edición: junio de 2025

© Víctor Rodríguez Núñez, 2025

© Ærea, 2025

Un sello de RIL® editores
SEDE SANTIAGO DE CHILE: Los Leones 2258 • CP 7511055 Providencia
☎ (56) 22 22 38 100 • ril@rileditores.com • www.rileditores.com

SEDE VALPARAÍSO • valparaiso@rileditores.com

SEDE ESPAÑA • europa@rileditores.com

Composición e impresión: RIL® editores
Diseño de colección: Marcelo Uribe Lamour
Imagen de portada: Goya, «El afilador», 1808-1812, Museo de Bellas
                          Artes, Budapest, Hungría

Impreso en España • *Printed in Spain*

ISBN: 978-84-10248-58-8
Depósito Legal: GI 966-2025

para Daniel Calabrese

Haré... el oficio de
la piedra de amolar,
que no pudiendo ella cortar por sí,
tiene con todo virtud
para hacer cortar el hierro

HORACIO

celajes

en un cielo que ayer compuso bach
y no ha fraguado aún
sin otra agencia que la sumisión
escribo con la estrella tu nombre

                    gris profundo

has dado con la cifra entre la bruma
su misterio astillado
cuando el jardín es iris tempestuoso
donde la sed de súbito florece
como la polisemia

el fuego en su nidal
pone a hervir el aceite del alba
el viento no se olvida
de los celajes que hieren las cúpulas
con sus gallos tardíos

la llovizna lo toma todo a pecho
cruz en el pentagrama
a pesar de sus barras sale el sol
que triangulo sin ti
camino vecinal entre dos nubes

¿qué plantar en la altura
ángel agricultor
en medio de esta turbulencia fértil?
¿la semilla dialéctica

              la tristeza gramínea?

emplazamientos

con la resaca llega la ilusión
y no se quiere ir
como lágrima fija en el oleaje
consiente el gorrión que pica la espuma
la arena de este libro entra en tus ojos

el árido aguacero no termina
caen deseos de punta
                    te cubres con la k
poco ayuda el hermano que antes era zurdo
y diestro en la pedrada

un rayo en seco
                    la nada malcría
al instante que vaga en la ribera
con la navaja roma
el ser castiga al instante sereno

en este farallón rudo como el presente
con las piernas en v
                    se aquieta la ilusión
hace un sol visceral una lumbre ruinosa
que le da por pulirle las rodillas

si tuviera trenza de cinco cabos
y vestido manchado de verdad
se pondría a copiar como el gorrión
levemente inclinada al horizonte
este libro que nunca será escrito

borradores

amanece primero en el espejo
con cenizas de oriente
                              después la luz se aterra
te busca a tientas por toda la casa
donde saldas cuentas con la medusa

es magia la ecuación
para plantar en la semilla el nido
pedrada imaginaria
                         al vuelo de la mano
el número que derriba la estrella

aquí se explaya el mar en retirada
a cuenta de la luna
                              sobre la arena infiel
una rosa que se entrega salvaje
con espinas armónicas

soñar el mismo insomnio
                              cada nocturno en claro
como un buey sonámbulo cuesta arriba
la luz aprieta el yugo
la muerte que se aviva y algo más

¿y qué hacer si no hay fondo
la marea fulgente trae tu cabellera
tu tajante cintura?
                         ¿descolgarte del limbo
tenderme a la sombra de la palma de tu mano?

alternativas

esa muñeca que te guiña un ojo
y se pone a silbar en contrapunto
como si el mundo fuera algo en común
no muda de raíz con el modelo
el tono de la tez

despliega sus consignas pastoriles
con la meticulosidad que solo
alienta la intuición
como si fueran cristal de murano
como si así se espantara la muerte

cuando democrática se desviste
arco iris ungido en pachulí
sus pechos farináceos
                          sus vellos anarquistas
embellecen el mundo y eso cuadra

así sus piernas dejan de ser x
y se escapan del par de botas rusas
la neblina desciende de los puentes
se salta los porqués
y en una sola franja la trasquila

me aseguro para hacerla feliz
que esta habanera no sea probada
en animales de laboratorio
la vida sin crueldad
el colibrí que liba de un ciclón

cesuras

teoría de la sombra
la cadencia solar eleva el fondo
lo que acabas de ser
            un erizo enconado
que elude la resaca celestial

en la orilla los dígitos dan cero
sumar es dividir
            multiplicar restar
cada algoritmo espuma
que anula la unidad en remolino

informe como el agua no bebida
el hielo es una diéresis
            una elipse el vapor
el curso de las piedras
donde desagua sin pasión el mar

escala por guarismo el sol se explica
y trata de ser fiel
entró al pecho un momento y se demora
¿será espera en el vértice
la creciente de sombras olvidadas?

el ruiseñor que vela en el amanecer
lleva un cero en el pico
el gallo enceguecido en el crepúsculo
pone un huevo a la izquierda
la muerte es una piedra de amolar

descalabros

con terquedad marina
el teléfono colgado de un gajo
rasga un viento tan brusco que sangra la nariz
alguien grazna tu nombre desde la acera opuesta
y tropieza con su propio destino

nada responderá
el claxon oprimido por la mano que tiembla
vuelve a rayar el aire
sube el tono las ganas de discar
a esa mujer que llama de muy hondo

contra el común ella creía en ti
apareció de ronda en la afonía
un hermético día que barajó la noche
con clara impunidad
                    número equivocado

el triángulo ovejuno
el círculo que abolen las almendras
la sombra calcinada del olivo
don quijote juega su último as
dulcinea no contesta su móvil

¿por qué sacar el cuerpo?
hasta el amor es lucha de contrarios
no hacer las paces ni consigo mismo
tú vas a tirar la primera piedra
el deseo te va a descalabrar

litorales

cuando baten sus alas las gaviotas
adensan el crepúsculo
                              sus graznidos lechosos
hacen círculos sobre chimeneas
plantadas a voleo

ante el mar absoluto
la brújula que sigue a la deriva
las grúas enredadas con la altura
el oleaje que teje el farallón
el puente colgante de un solo grito

se oxida el horizonte
y al bajar la nerudiana marea
queda en cueros el buque
cargado de sí mismo
que ya no deja sombra en cada puerto

barco varado blanco
con vocales a fondo mas simétricas
en las playas de la cacofonía
donde refluyen dulces consonantes
un carajo con su vela de más

entre los ojos del cangrejo se prende el faro
y nubla las antípodas
                              un camino sin cuento
gaviota alicaída como el sol
que sigue hipnotizado tu mirada

pastoriles

la grava que se piensa japonesa
los girasoles confiados de un rayo
el polen que ya no busca un enjambre
el trazo demasiado irregular
por donde escapa un río

las ruinas de juguete que retoñan
la rama ladeada para evitar el pájaro
las aspas solo desgranando viento
el ciervo que no acaba de salir de la fronda
pero a nadie sorprende

la pedregosa sed
de quien riega con penumbra sus cactus
la reverberación en torbellino
el derrame que no se cristaliza
penúltima gota de intrascendencia

la artesanía no globalizada
hecha con no sé qué
una pizca de aplomada canela
y todo a mano en medio del mosquero
que se va a irrealizar en el mercado

la ajena pastoral
                    sin faunos cuernos ninfas
las luces intermitentes de una combinada
que cosecha la herrumbre
postal con los bordes quemados por el rocío

jergas

princesa a cargo de los equinoccios
ciclón septentrional
no espero tu gramático perdón
y empuño en la mudez tu doble filo
tu desbocada lengua

la labia del dragón
que solo se sosiega entre la escarcha
el lema de pizarra sindical
la voz con que sueñan las ovejas
al pastar en un foso de castillo

desemejante como el almiquí
hablo sin propiedad
                    maldigo lo que siento
y la vergüenza al cabo reconforta
me amuelo con el filo de tu lengua

el verbo de las salamandras brunas
que bullen en el pozo
la jerga que se raja en la canción
el signo que declinó dylan thomas
y se entierra en la voz como una espina

la palabra con que enlaza el montero
que fue rayo de luna y se oxidó
la rama que no da sombra de trino
áspera claridad que hace sangrar
tu metálica lengua

raíces

abre el pastor suplente sus sarmientos
algo dice en hebreo de memoria
sobre tender raíces en la lumbre
no se espantan las diez mariposas del hábito
pero sí su mujer hilo de plata

el calcio irracional
no se anula con la fosforescencia
en la niebla podrida ladra el sueño
que persiguen las ánimas
socatas como higos

parcelaron el cielo por igual
pero todos querían la otra parte
en los bancos solo prestan la ruina
cantigas de lugar que se pudrieron
con la manzana virgen

nos invita el pastor a que sintamos
de espaldas al altar
y arrodillado el aroma de dios
su mujer pone las manos en jarra
para que no se vierta la gota de sentido

con su miel pertinaz
germina la penumbra descreída
sofá flordelisado para ciegos
que deshojan imágenes
las raíces se prenden en la lengua

madrigales

un madrigal por ti raíz sin fronda
que se fija en el aire
en ese instante cuando somos uno
pura germinación
                        y el ángel nos destierra

para husmearte no me vuelvo lobo
solo atizo la aurora
la ceniza de loto que quedaba
y tu penumbra resguarda los hechos
por los cinco costados

de cabeza en la poza meteorito
ganas en tolvanera alcohol final
que te nombra sin mí con la mudez
de alma curtida en lumbre
                        transparencia encarnada

entre los caracoles del ahogo
lápiz de carpintero en oreja de van gogh
marco dónde fijar el desencuentro
como plomada ingrávida
o burbuja que hierve en el nivel

una rosa entre zarpas
una guedeja de bosque otoñal
humosa sed de nieve
                        trampa en celo
para tentarte no me pongo a aullar

ojeadas

una mirada tercia
                    entre la urraca y tú
la plata de su sombra te detiene
en el momento virgen
que no vas a dejar para mañana

la esencia de esa imagen en jirones
no es que de pronto surja
en la tripa de un libro equivocado
ilusión de pasado por venir
profundidad sin centro ni brocal

no eres el que contempla
                    desde el estar inerte
con tus maneras de inuit tropical
el alma quisiera tornar al cuerpo
aunque estuviera incómoda

tú miras boquiabierto desde afuera
en la otra pupila de la lente
donde todo se encuadra emocionado
azulejo que rompe con su sed
la corriente cuajada

siente esa ronca luz
que se pone a rasgar la nota quinta
y te zurce la córnea
                    ¿qué llegarás a ver
cuando solo seas una mirada?

abejas

en principio no hay fin
el fuego es ámbar que se alebresta
la abeja individual
la daga signo de interrogación
y la imagen mira para otra parte

la verdad tendrá pechos
                    muslos renacentistas
mazapán de toledo en las entrañas
pero ganas no tiene
así te jura el mármol por su diosa

aunque a veces al alba se complica
lágrima de propóleo
                    panal clarividente
figura del lenguaje que se encuera
fogosa conjunción copulativa

la verdad suena como octosílabo
arte de subsistencia
martillo y pulimento sobre roña
te descuadra del ser
                    rebelde analogía

y la imagen se fuga en el enjambre
como cera se funde sin pensar
en su miel africana
el asesino lee tus huellas dactilares
detrás de la imagen ladran los perros

maternidades

esa madre que va sorteando espumas
como marino griego
con el ojo del último ciclón
ha visto desde el vientre decrecer
la flor de contrapunto

esa madre sin tregua
como un arriero paisa entre derrumbes
donde desenterrar cinco tiros de gracia
recusa la espiral
por no seguir el desmadre del viento

los niños de faluya malformados
cruzada posmoderna
láser que se dispersa en abanico
la rumorosa espada de darth vader
los hijos del uranio empobrecido

esa madre con un dios de la mano
bajo la sombra atenta
a ver si cerraron el aula dominical
el temor se lo lleva el aguacero
y la imagen preñada

esa madre que acusa con la r
al ángel engreído
que lacra una cesura en blanco y negro
en el hombro la luna
                    en la espalda la foca

perros

la claridad no encuentra
en el panal en fuga de su centro
celda donde posarse
en miel de oscuridad
                    hasta los sueños zumban

es la noche anisada
que obviamente no quiere
                    quedarse afuera y abre
con las uñas la puerta a la abstracción
y el resplandor se irrita

los erizos nocturnos
se asientan en un fondo soleado
a caballo de mar
la jinete equilibra su despojo
nadie blande un rayo como el sereno

luna que taja el ala
                    con su pasión salobre
elipses astrales que dan sentido
a la real turbulencia
                    la nada que se avispa

pesadilla de perro
                    constelación pulgosa
en la imaginación de la noche ladrada
la pezuña en la alfombra
intentando arrancar al menos una estrella

anatomías

presente el cuerpo ausente
                    sueño de fino talle
que recostaba su fragancia en mi hombro
en el alba onanista
también se fue sin despedir tu mano

el deseo que no llega a ser lluvia
seco como demora
la hiedra que lame el techo de zinc
ese folio sin sed
                    imagen agrietada

¿qué vas a hacer conmigo si no estás?
¿por qué sigues en cueros como un astro?
¿sobre tu piel el polvo
aturdido por la imaginación
se convierte en espejo?

el cuerpo en estos casos se hace en china
o en la rue saint-denis
                    es azar imantado
cuando pasa el ómnibus escolar
un deseo sin cuerpo

en este punto a veces media el alma
y un alma es del carajo
                    gatea lejanías
alucinada por clavarse en todo
la impotencia se muere de deseo

desuniones

tu contorno en la arena
                    la pisada insondable
que cruzan el cangrejo y la ilusión
los restos de otro estar
como único accidente en esta playa

ser tu respiración cuando remontas
con vísceras volcánicas
los puntos cardinales sus estremecimientos
reflujo de glaciares peregrinos
hacia la mar de wedell

cuervo de mar gaviota en tierra firme
que liberas los aromas sin fondo
desde un hambre estañada
la energía con que se eriza el musgo
en foso de castillo

ser perla en tu sudor crepuscular
erupcionar en seco
lágrima en el abismo de tu vientre
la elevación marina
que fracturó el banco de hielo larsen b

nervadura solo para tu sombra
la resistente lava de visiones
no habrá nada sin ti
                    ni certeza ni vértigo
herida terrestre cópula impar

filos

afilador de imágenes
con su boina rasgada por la estrella
se aventura en el bembé de la tarde
su caramillo incumple orientaciones
y conmueve las ruinas

en lugar de café cuelas silencio
no te conciernen los quesos normandos
el chocolate en leche de camella
y arrojas al hastío los tendones
las diéresis con demasiada sal

el afilador se toma tu tiempo
y ante un sol lagrimoso
con una voluntad de doble filo
desgrana los fermentos de maíz
despalma sinalefas oxidadas

tu lema para el próximo desfile
en la plaza de nadie
afilar hasta el hueso la mudez
en medio del fervor este mosquero
como única salida al laberinto

es un afilador por cuenta propia
a la luz desdeñosa de un clavel
confusa precisión
el ritmo saca chispas al metal
y la imagen es indolora pero incurable

pesadillas

por el ojo de la aguja imantada
pasa al fin el camello
y los rebeldes ya son otra historia
los celebra el país el abc
en sus octosílabos verpertinos

si juegas esta noche con mis sueños
al terminar recógelos
no los dejes afuera por cautela
que al sereno podrían rebelarse
o pasa un policía y se los roba

entre la multitud que busca gangas
en el mismo sentido que un augurio
la dulce habanera del paralítico
como un reloj lo imita la ilusión
que se sacude estrellas de las nalgas

los sueños como motor de búsqueda
tienen su logaritmo bipolar
nostálgico rincón un porvenir
la repisa el manicomio la ergástula
en la ciudad lunar

como arena en las vísceras
el arco petrolero la flecha de coltán
todo ha salido mal desde el principio
sin oasis donde saciar las dudas
ni otra cosa que yo

cotejos

cuando roncas en la clave de luna
se hace cadmio la noche pierde cota
nada valen la bien templada seda
las plumas de ganso de canadá
la confianza en el sueño

vuela la misma mosca que mataste
de un epitafio el siglo anterior
en vértigo juicioso
a la sombra del arrepentimiento
es el mismo aleteo parietal

el poeta sureño que no entiende
por dónde le entraría el mar al coco
la poeta norteña que recorta vocablos
como misil y túnel
en cualquier idioma menos el púrpura

amanecen mis números en casa
deseados y reales
revueltos bajo cobijas olientes
a dulce convicción
amapolas en un campo minado

una mosca atraída por el olor a sombra
en un mundo decúbito supino
la garganta pedregosa un fogón
la niebla acampanada
                    el insomnio que tañe

desnudos

el espejo rayado por relámpagos
ante el uno acechante
                              en alta soledad
que no determina su desnudez
yaciente en el filo de la borrasca

el uno en calma a la espera del otro
huracán que se encuera
                              con paciencia felina
la angustia tiene unos senos eléctricos
donde cimbra el instante

mas la luna no distingue a los tiernos
acomodados en la turbulencia
su síncope plural su oleaje huérfano
que resucita el brasero de nubes
en un cuadro sin fondo

ella trepa las piernas como mantis
y con el arcoíris de las uñas
se rasca las rodillas a sangrar
mientras él mira de reojo los crespos caídos
bellos como la cuerda de un reloj

la sábana estrujada con deseos
que huelen a alcanfor
y su constelación de secreciones
más la esfera que brilla como iglú
porque el tiempo es de plata

carbones

alumbrado por hechos
                    que arrancas de raíz
en el bosque de las casualidades
no puedes conjurar el deterioro
que rompe a florecer

la palabra carbón con sus valvas cerradas
electriza el estar
                    ¿se calientan los muertos
en el rumor del liquen
que humea entre las piedras?

tu cuerpo en sus cabales
ante el espejo lunar que divaga
te das por aludido no te esfumas
si el dolor carboniza
                    ser dulcemente análogo

la palabra carbón se aviva con la tos
que no termina en luz
¿quién apaga esas sílabas
si surgen del pantano
                    sombra sedimentada?

el proverbial silencio de los muertos
sobre tu condición
cristal que se refleja y algo oculta
no habrá forma de asirte
sin desgraciar la punta de la estrella

resonancias

si no tienes un arpegio que dar
sin pena desempolva
esos vaivenes de ómnibus nocturnos
donde hueles el alma sin perder
la originalidad

un domingo enrejado
con sol que se desquicia como tres
donde los tonos juegan a la una mi mula
irrespetan las señales de circulación
por turnos se encabalgan

habaneras en bote de pescar
antes de que se haga aguas la ironía
se vomiten principios
como un tren cañero donde la anáfora
es el basculador

un domingo en minúsculas
sin el autoritarismo de una coma
con signos apilados como caña
despajar certezas requintar claves
soltar el pelo malo

resonancias en tacos de dos tonos
anarquistas con sentido común
que declaran el amor sin cuartel
y no paran a tiempo en las encrucijadas
porque da buen acaso

entregas

la cascada de nubes en suspenso
a la espera del mar
oleaje que se levante en cruz
solo perceptible por la ilusión
su sereno delirio

buscas salir de ti
llegar a la otra orilla del estar
pero en el pentagrama
a la luz del monóculo interior
la marea termina en solipsismo

las dotaciones son impredecibles
la parte rebelada contra el todo
ideológico esmalte
la coherencia como atracción turística
inminente peligro de derrumbe

cuando sin boreales optimismos
ni culpa tropical cuentas al prójimo
policía psiquiatra profesor
no pierdes las torres en la partida
ni paras de labrar los escalones

arcoíris brizna en el costurero
¿cómo zurcir la imagen desgarrada?
exponentes que brotan entre lilas
un marino con polvo de otra estrella
el filo ante la piedra de amolar

moaxaja

la hora sin salar la muerte cruda
sobre hojas de laurel
se le frota con ritmo del desierto
cinco gotas de vinagre lunar
y se hornea en olvido

el pulso desangrado
que se va por la arena como chispa
el nudo de horizonte en la garganta
que el ciego halcón presiente
si le pasas la mano

con la tribu de darwish
torcido a la izquierda como un olivo
creces lejos del agua
                        algo más que arideces
se debe para siempre devolver

y la armonía llega con las siete cabrillas
después que los jinetes desbocados
se asoman a la cresta de la duna
atrapados por el chisporroteo
de una imagen sin rostro

el paisaje fluido inconsolable
ha borrado las huellas de camello
pero se apila aquí con su calor
la canción es pavesa nunca flama
espuma en el bramido

acasos

dar contigo en la niebla
no acabada de madurar al sol
que rumian los venados
ninfa voluntariosa
                    con nieve en este entierro

no afirmar tus noes
que apenas te costaba cultivar
en un pasado fértil pero en ruinas
sino dar un bojeo
por la necesidad y cayos adyacentes

quedar en ti
              lluvia estampada a fuego
convencida de ser el error de mi vida
como savia de ateje
que hierve en luna llena

ser la sombra con velas recogidas
sobre la silla náufraga
en el amanecer crepuscular
donde otro mar surge
atravesado por la respiración

y nunca soltar tu mano en la zona
donde no seas tú
                  musgosa alegoría
ni te des de narices contra el rostro
sin gracia del acaso

momentos

la gente hace su vida en todas partes
en bangor corta tejas de pizarra
manos de plátano en apartadó
si quisieras algo así de repente
y no hocicaras más

la vida es un tiempo gramatical
sus puntos y seguido se marchitan
y el resto la ilusión
con su loto su verde prosaísmo
el arte es no pasar por alto este momento

una aldea de siria
donde se pide el pan en la lengua de cristo
y la gente solo quiere ser gente
trabajar en cosas que dan trabajo
y no desubicarte como tú

mas desde el grito hasta el café de flore
sin que medie un albur
ni el reverso para la puñalada
dejo sobre las mesas de caoba
algo más que metáforas preposicionales

es la forma de nada y todo lo contiene
cuando viene se va por donde llega
y si esta eternidad es el momento
guárdala de algún modo
la vida no usa puntos suspensivos

exotismos

música de cristal tirado a la basura
y un viento infiel que templa
el desasosiego de las palomas
la cadencia está dentro
como la munición en la maraca

espanta tu habanera al lobo gris
no escribes con timbal alma de chivo
ni siquiera con claves
que pueden rebelarse en la mochila
tampoco sabes leer los caracoles

es solo la constancia de una voz
cuidadosamente inarticulada
no dar tregua al vacío
                    que crece sin medida
sacarle la piedra a los ambidiestros

los calurosos rayos de guitarra
en abanico hacen el horizonte
donde solo se está de punta en negro
distancia sincopada
baile que se edifica en un ladrillo

no cuadra la habanera al lobo gris
con su fiebre dorada en minnesota
exótica la falta de exotismo
descuida boquiabierto
no eres babalao sino charada

palomas

soy el techo cagado de palomas
el piano atravesado en una acera
el musulmán que llena un crucigrama
mientras nada se asienta
en la taza donde humea parís

ya no me muero de hambre
ni me sacio con un dulce algoritmo
entre migas de jazz y acordes de jengibre
el café es una pausa
en la fresca y soleada percepción

una come del pico de la otra
e indagan a la par entre los ánimos
para que estén a raya
                              clavos en el alfeizar
no se debe confiar en las palomas

un golpe de dados en el café
azúcar que deviene puritana
perfectamente insípida
como nalgas de bruja
fetiche de galgos y misioneros

puedo tirar los naipes
nadie me va a expulsar al paraíso
salobre como visa
de las partes de mí que flotan en el sena
se aferra la constancia

noticias

mugen al mediodía las sirenas
no alcanzará la vida ni la muerte
para una explicación
solo que incierta vez algo ocurrió
las sirenas no mienten son incrédulas

uno sabe que no cuenta contigo
y traspapela el cuño con tu sangre
otro sabe que contigo no cuenta
y te reprocha por el azul turquí
la estrella solitaria es un arcano

una buena noticia es siempre falsa
no llama la atención del escaleno
ni de ningún espectro militante
es un punto en los círculos mayores
que devana el zodíaco

pero tú que no eres el otro ni el uno
y no la ves pasar bajo el sereno
y peleas por todo porque no tienes nada
puedes contar conmigo
no estoy en el negocio soy isósceles

al cabo se evacúa la pureza
los dorados recónditos
el diamante con dobles intenciones
una buena noticia como alarma
algo no esperado voltea el mundo

jarchas

en luna nueva ronco igual que armstrong
doy demasiadas vueltas de franela
me desvelo a las dos y treinta y cinco
no soporto la espuma con memoria
¿qué haces aquí momia desabrigada?

me arraigo en tu presente
como si fuera ayer sin resonancia
sé que voy a extrañar lo no ocurrido
ascenso en arcoíris de este celo
jamás cristalizado

me redimí en la playa de agua dulce
que guardan los abetos protestantes
donde cavé en la arena para alcanzar tu orilla
allí remonté curso
                    y nunca más di pie

aguardo en cada espino
que tus labios vaporosos me nombren
no sé qué responder al radiante silencio
pero tu voz penetra en mis entrañas
a saltos de venado

ser el gallo que arrastra las espuelas
en el mercado donde no hay de qué
a la espera de más sin regateo
que clarín y sonaja
cuando el alba se entregue ser tu sombra

noes

no cedas un terrón de desarraigo
ponte verde de ira como pino
borracho de aserrín
¿ser ciclón o veleta
contra toda esa piedra sublevada?

no vistas paño rojo ni des filo
en la luna menguante
y llora por todos a quienes roban
con la más indolente impunidad
su derecho al hastío

nunca cierres la boca
como la verja de una casa que arde
en el polo magnético
¿las llaves deben tener once dientes
las tejas alentar?

no intentes soñar solo
ponerte a discutir con el silencio
dedicarte a gritar en cada rumbo
lo primero que no venga a la mente
solo orina con los ojos cerrados

¿llegar hasta el instante de nacer?
¿solo entonces seducir la verdad?
¿atemperar el arte como otoño?
¿diestro en la lengua que no modifica?
¿qué pasa si cojeas a la izquierda?

latidos

espejo con entrañas de reloj
como escapar del sueño
                              fábrica abandonada
mientras su ser está a todo vapor
de alguna forma te ganas la estrella

sentado sobre un grito para que nadie piense
que derrochas la sombra en solitarios
frente al argento vivo
solo cuenta lo que no tiene nombre
o que sin avergonzarte podrías callar

peón en tiempo muerto
ajustas los éxodos los escaques
cultivas el carbón que no enfebrece
sentimientos poleas deducciones
en la misma partida desarmada

saltas líneas de baja tensión
alguien que no se encuentre
y rebusque entre los libros en blanco
puede que dé contigo
la historia se repite también como habanera

soñar con dignidad
gallo en el laberinto con destornillador
enmendarle la plana al inconsciente
surrealismo al revés
                              latido de diamante

modernidades

conversas en shanghái con bertolt brecht
bajo fanales de oro
los únicos que prestan atención
a las medidas de seguridad
al viento disgustado

te mantienen en vela
                        los fuegos de dubái
del insomnio se alzan rascacielos
una palma convertida en islote
cataratas de sílice

como techo de amianto al sol de ayer
te crujen los alveolos
                        contigo el mundo tose
y el sueño ni se atreve se hace lluvia
sobre papel de arroz

eres un desechable
una aguja hipodérmica un condón
eres un khalli walli
y tu felicidad
                el reverso del mundo

nadie piensa por ti
                    porque nadie respira
a orillas del huangpu del golfo pérsico
en la esquina del pecho las bacterias disienten
y el viento dicta un nuevo libro rojo

desiertos

al pie de este crepúsculo
y sus palmas que la ilusión desmocha
sin otra explicación irracional
sientes cómo se curva
tu voluntad ante la parca fuente

la aridez desconfía
a la sombra de la torre de ventilación
arroz al azafrán
recental a la brasa té de menta
el halcón en los brazos de tu fe

el estar alucina con los dátiles
que entre rachas se ponen a piar
su terquedad invisible
a la sazón domas para la noche
tu duna encabritada

ser la perla en tus pechos
su filigrana ardiente
ser la herida que devuelve el cuchillo
su derrame salobre
ser la arena que se vierte en tu sangre

la grasienta humareda alebresta al halcón
por tu mano la razón convulsiona
es posible enfundarte
                    medialuna oxidada
pero antes amolar este espejismo

beldades

la belleza ya debe estar en pie
con su garganta hermética
                    donde murmura el día
enterrarse en sus aguas
extracción de la piedra de cordura

algo no pasará como es usual
alba con cinco especias
las caderas que tocan a rebato
y erizan el azul
sonsacar la verdad no es ser infiel

¿sabes por qué enrojece
                    el trino de los pájaros?
¿sabes por qué se prolonga la noche
y descresta la imagen?
el sol es nalga salida de tiesto

entonces la belleza se te encima
centellean sus muslos
nunca se desgaja por donde debe
en hilo encuadernada
tu línea de puntos sus tijeras

la media luz almidona los dedos
y el amor suele hablar con los dragones
volver raíz el tacto
                    espigar la cizaña
su herida en el vacío es la belleza

fluideces

frente a la puerta zurda sin llavín
la realidad pospuesta
                    desde hoy hasta ayer
vientos a pie de folio
primaverales perpendiculares

llueve sobre el deseo de no armar
un solitario público
tienes algo que no vas a perder
y se lo lleva el fuego con sus cuentas
todo vale la pena si estás húmedo

a la espera le arrancas una pluma
que aguzas en otoño circular
y perforas la angustia
                    de pronto coagulada
en su secreta diáspora al mar muerto

el agua se estremece hasta la sed
se acaricia a sí misma
como la soledad cuando están todos
¿por qué se apura el agua
dónde quiere llegar con estos números?

nublados a granel y habaneras cubistas
el viento es quién decide
                        marca el cielo con cruces
para nunca volver
en el crepúsculo el sueño se empoza

remolinos

hecho más trascendente que vivir
cada uno da fe
                        con su espejo celoso
de un día diferente inconfesable
y cada otro en su muerte reflejado

los ojos de cortázar remolinos
no me desclavarán del horizonte
tu sombra sumergida
entre la distancia y el cuervo blanco
sus perlas para la infertilidad

hincar el remo celta
no dejarse traer por la corriente
camarón hechizado con sal bruna
y heteróptero que triangula la superficie
aunque en el fondo la sombra florezca

la luz agazapada en este vidrio
que me pone a ondular
tus pechos coralinos al bajar la marea
las encrucijadas vueltas acordes
este libro robado a un policía

¿por qué romper la cáscara
si en la clara del huevo está la muerte?
escupir en el fuego
                        las ganas se evaporan
como un grito de cerdo degollado

desposesiones

los novios sin novela donde ser
no dejan de besarse
aunque se cierre la puerta del ómnibus
y el mendigo grite con voz vinosa
que si no tienes cojones te quedas

artes de la limosna subcutánea
los pezones entre cuero y remache
la purga de cerveza en el asfalto
el anhelo radial
esa espiga que quisiera ser flor

para matar el tiempo entre un cliente y otro
ella lee a dostoievski
                              desposesión y exilio
van y vienen los ómnibus las encrucijadas
¿algo más que dolor es el placer?

destierro de ciudad semáforo en violeta
y taxis que cumplen otro destino
con la guadaña al cinto él volverá
la cantina de leche
vibrará al fuego de la escoba amarga

perdieron el edén
no por el majá ni el huevo de toro
sino por la parcela en otra parte
la novela con novios y mendigo
no habrá resurrección en esta página

cuervos

el crepúsculo sale de la mar resentida
en el campo de golf
la primavera desova iridiscencias
esa calle que nace en la ventana
va a desaguar aquí

tu alma se revela
como sombra graznada por los cuervos
se doblega la mineral angustia
la plegaria exterior
como piedra en el pozo cae mi fe

hay una jerarquía entre las aves
ante las fúnebres semillas de girasol
una estira su tiempo
y se limpia contra la luz el pico
mientras en la rama la otredad vela

tu alma en la balanza
¿equilibra el azogue con rasguños
donde no me reflejo
cuando las monjas dejan de cantar
y se tragan en seco la oración?

como el cuervo que roba sin apuro
las vísceras humeantes
de una ardilla que atropelló el acaso
y pregunta por qué
con su patica muy firme en el aire

índice

Este libro se terminó de imprimir
en junio de 2025

RIL® editores • España

europa@rileditores.com

Se utilizó tecnología de última generación que reduce
el impacto medioambiental, pues ocupa estrictamente el
papel necesario para su producción, y se aplicaron altos
estándares para la gestión y reciclaje de desechos en
toda la cadena de producción.